Meu
Deus
Fala
Comigo

Elizabeth Sarmento Costa

Meu Deus Fala Comigo

MAUAD

Direitos desta edição reservados à
MAUAD Editora Ltda.
Av. Treze de Maio, 13, Grupo 507 a 509 – Centro
CEP 20031-007 — Rio de Janeiro — RJ
Tel.: (21) 2533.7422 — Fax: (21) 2220.4451
www.mauad.com.br

Projeto Gráfico:
Núcleo de Arte/Mauad Editora

CATALOGAÇÃO NA FONTE
DEPARTAMENTO NACIONAL DO LIVRO

C837

Costa, Elizabeth Sarmento.
Meu Deus Fala Comigo / Elizabeth Sarmento Costa. – Rio de Janeiro: Mauad, 2003.
80p.; 13cm x 21cm

ISBN 85-7478-099-5

1.Meditações. 2. Vida cristã. I. Título.

CDD 242

A meus pais, que desde sempre me ajudaram a encontrar este Deus que fala comigo.
E a meus netos, Miguel, João, Luísa, Tiago, Juliana, André e Carolina, desejando que eles também possam ter a sua própria experiência deste encontro fascinante.

SUMÁRIO

UMA PALAVRA DE INTRODUÇÃO

Conhecer Elizabeth Sarmento Costa e as suas idéias não é uma experiência fácil para o desavisado, porque ela fala aos borbotões revelando aos poucos o seu universo de mulher irrequieta e até mesmo um tanto alvoroçada, mas, apesar ou por causa disso, sempre fascinante.

Elizabeth vive num clima de contínua urgência, como se apenas uma vida não bastasse para esgotar a agenda de suas preocupações polivalentes. Um dia já a comparei a um beija-flor: um coração que voa!

Como toda pessoa voluntariosa e aberta às novas aventuras, ela sempre surpreende porque se permite quebrar rotinas e pontuar com surpresas e sobressaltos o seu itinerário imprevisível. A vida de Elizabeth me lembra bem mais a polifonia de um coral do que o samba de uma nota só.

Na Igreja Cristã de Ipanema, sua Comunidade, foi ela uma das fundadoras do Centro de Recuperação Infantil, que presidiu muitas vezes nos mais de trinta anos de existência dessa bela e importante Instituição. E no CREI a sua preocupação sempre se voltou com obstinada ternura para os pequeninos de famílias carentes, destinatários do Reino de Deus na visão de Jesus Cristo, mas que ainda não possuem um justo e decente lugar na Cidade do homem, montada com tantas e graves distorções e crueldades.

Quando o nosso santo sem religião, Betinho, convocou a nação brasileira, apesar da impiedade de suas estruturas desumanas, a combater a fome, Elizabeth foi das primeiras a dizer presente e, ao lado de seus companheiros de Comunidade, jamais sonegou tempo e talento para atender ao apelo desse sociólogo segundo o coração de Deus, mesmo depois que só nos sobrou o bafejo de sua inspiração e até os dias atuais.

Beth é mulher de garra e de luta que sabe descer de sua posição de senhora de sociedade, arregaçar as mangas da blusa de luxo e ir à luta; colocar as mãos na massa com decisão e firmeza. Mas é também uma intelectual com tempo de devorar todos os livros e acuidade para postar-se atenta e participativa em face dos acontecimentos sem bússola ou algum bom senso do mundo esquizofrênico que vivemos e de nosso país dominado politicamente por tantos picaretas.

Formada em Filosofia, com monografia de mestrado sobre o filósofo alemão Heidegger, escreveu instigante livro buscando uma linguagem mais abrangente que a de seus pares de Academia, com o objetivo de divulgar a um público maior o fruto de suas aplicadas pesquisas feitas em obras de referência e em investigações de campo, com inúmeras viagens por todo o mundo e em nosso Brasil.

O pequeno-grande livro, que agora chega às nossas mãos como uma dádiva, é mais uma quebra de rumo, uma guinada imprevista na trajetória de Elizabeth, que comporta movimentos bruscos como este. E ela então revela uma outra faceta de sua personalidade plural, oferecendo-nos uma surpreendente e valiosa contribuição que decorre de sua reflexão religiosa, com um inconfundível toque místico, o que a integra no estuário dessas pessoas a quem Deus tanto ama e se revela de forma muito especial.

Não se trata de um trabalho da biblioteca conhecida como de auto-ajuda, se bem que eu tenho certeza de que sempre colabora com todos tudo aquilo que nasce do amor e paixão dos homens e mulheres de bem.

No livro de Beth, o viés místico elimina distanciamentos e a autora mergulha no coração do Pai, para de lá retirar lições de beleza e sabedoria, partilhadas com todos que nos identificamos e encontramos nosso lugar entre a multidão sobrecarregada e aflita que busca em Jesus um jugo suave e um fardo mais leve.

Com a simplicidade de uma parábola do Cristo, o Deus de Elizabeth fala. Nos fala. E mais uma vez nos encanta com a verdade de que o Senhor não se encontra jungido aos compêndios sisudos de Teologia nem às vetustas autoridades das igrejas tradicionais e pode até mesmo se soltar das páginas salvadoras da Bíblia porque, como sabe o apóstolo Paulo, a Palavra de Deus não está presa.

No princípio era o Verbo e o Logos estava com Deus e a Palavra era Deus.

E o Verbo, pela unção inspirada de Elizabeth Sarmento Costa, se fez livro para dialogar com o nosso coração.

Jonas Rezende

DEIXE QUE O SOL NASÇA EM VOCÊ

Muito pode a oração do justo...
Não há sequer um justo...
O justo viverá pela fé.

Meu filho,

Você me conhece e sabe que eu gosto de dar exemplos, gosto da linguagem alegórica oriental, dos símbolos, gosto de parábolas. É com este tipo de linguagem que hoje falo novamente ao seu coração.

Quando alguém se mostra aos seus olhos com aspecto saudável, bronzeado e bonito porque passou alguns dias sob o sol, no gozo de suas férias, você sabe que ele deve seu bom aspecto à ação benéfica da energia solar. Mas não pode entender que ele tenha mais e melhor saúde somente por causa de sua boa aparência exterior, embora este tipo de confusão seja compreensível e natural: as aparências enganam.

O que marca distância entre alguém que retorna das férias e os que levam uma vida sedentária é o sol, o sol que deixa suas marcas nos que se enamoram dele. Porque o sol manifesta o seu esplendor na pele bronzeada de quem se apropria de cenário tão vigoroso e tropical, de quem deixa que ele o toque com sua magia e encanto, banindo todas as sombras úmidas da alma enrustida na penumbra e o transformando numa pessoa ensolarada. É isto: uma pessoa ensolarada!

Esta imagem se aplica também ao bem-aventurado e justo, àquele que me é amado; esta imagem se refere, enfim, à vida do ser humano no plano espiritual.

O que torna alguém justo aos meus olhos não são seus atributos morais ou a santidade de vida nem virtudes excepcionais, porque, por estes critérios exigentes e apertados, você não encontrará um justo sequer em nosso planeta.

O que faz alguém justo é o contato contínuo comigo e sua disponibilidade diante de meu Espírito. É isto que forja pessoas diferentes: a aproximação da luz maior e do brilho presente em minha graça, que é como um sol. Deixe, portanto, que meu sol nasça em você!

O contato comigo faz com que as pessoas se tornem diferentes: sua alma fica dourada pelo toque de meu amor. Não é mérito pessoal de ninguém, mas simplesmente a aproximação da Fonte da vida e do Sol da justiça se reflete na existência daquele que ousa este passo essencial que gostaria também de vê-lo dar.

Quando as pessoas se unem para orar, é claro que isto propicia uma força muito maior neste sentido. Não porque a oração seja mais forte ou mesmo melhor quando em comunidade, mas, sim, porque os que se encontram em vigília e prece unem e somam suas buscas convergentes, vivendo assim muito mais próximos um do outro e todos de mim, e deixando também que eu viva neles.

Quando muitos oram, o realmente forte é o seu desejo definido e não as palavras da oração em si. Não se esqueça: a oração desencadeia em todos e em você amor, disponibilidade e solidariedade. Faz seu rosto brilhar. É o caminho da transfiguração. Não o impeça.

Num grupo de oração formado por pessoas que me buscam como você, o próprio ato de orar é como um presente, porque adoça e edifica primeiro o coração daquele que se dispõe à prece, com desdobramentos benéficos para todos. E o grupo, em cadeia afetiva, descobre o valor da compaixão, da solidariedade e do amor. Descobre o sol que eu desejo ver nascer dentro de cada um: dentro de você.

Mas a sua prece, meu filho, pode ser também silenciosa, solitária e íntima. Você fala e espera, porque aguarda ouvir também. Veja o que diz o Salmista quando partilha com todos a sua experiência: esperei com paciência no Senhor.

Muitas vezes a lágrima escondida que escorre sobre o seu rosto sofrido é uma oração mais vigorosa do que mil palavras. Assim como também uma boa gargalhada pode ser um hino de louvor. A entrega e a aceitação de minha vontade realizam todos os sonhos. Os seus sonhos.

Entregar-se é se abandonar às minhas divinas mãos. O momento de oração é a hora do seu aconchego, hora bendita partilhada comigo, seu Pai e Amigo maior. É o momento mais íntimo entre mim e você. Eu escuto a sua prece e falo ao seu coração. Liberto-lhe de sua carga e de seus jugos, envolvo-o em meus braços e lhe proporciono a paz. Desanuvio o seu coração e lhe concedo a bênção da minha presença e da alegria espiritual. Escorraço o seu medo, a ansiedade e a angústia de sua alma.

Asseguro a sua vitória sobre a morte e o seu pavor. Faço o meu sol nascer em você!

Seja bendita sempre a sua hora da oração. Porque é o encontro que envolve, acalma e alivia a alma. É a oportunidade para que a minha seiva, que o robustece espiritualmente, alegre e revigore com eficácia todo o seu ser.

Prometo mostrar-lhe o rumo, trazer-lhe, com a força de meu sol, o refrigério da água cristalina, a brisa refrescante e a aragem regeneradora do meu amor.

Nem é preciso que você verbalize o seu pensamento, porque entendo de antemão a sua linguagem oculta. E liberto você pela intenção que o move para perto de mim.

Todo o que vem a mim de maneira alguma o lançarei fora. Deixo sempre em você as marcas de minha proximidade. Receba esta palavra como um compromisso eterno. Porque estou acima de circunstâncias. Porque eu não mudo nem volto atrás.

A sua missão primordial é viver: eu ouvi o seu clamor e vim trazer-lhe vida abundante. Sou fiel a você. A minha graça lhe basta. Liberte-se e voe, meu filho. Voe nas asas de minha maravilhosa graça.

E deixe meu sol nascer em sua vida!

Eu abençôo você com o meu beijo.

UMA CHAVE QUE ABRE O MEU CORAÇÃO

A fé é a prova daquilo que não se vê

Meu filho,

Hoje eu vou lhe falar da fé. E começo lhe dizendo o que não é fé para mim.

Como pode ser feito e como vai ser resolvido? – são perguntas que denunciam esta não-fé. Veja bem. Quando você começa a elaborar sozinho soluções e maneiras de alcançar o objetivo desejado, amado e esperado ansiosamente, demonstra a pretensão de domínio e condução da vida pelo seu exclusivo querer, à parte de mim.

Não há entrega nem aceitação em sua atitude e assim nada posso fazer para que você supere essa ansiedade de acertar o seu desencontro básico comigo.

Não posso forçá-lo a nada, mas apenas esperar que você tenha coragem de dar o salto no escuro.

O salto da fé.

A fé é o verdadeiro e autêntico milagre. É como uma lâmina ou estilete superfrágil e, ao mesmo tempo, tão forte que remove, como imensa alavanca, montanhas levantadas por você mesmo. É isto: os maiores obstáculos são criados por você. Ausculte-se e me dará razão. Mas a chave que os soluciona está ao seu alcance: é a sua fé.

O mais difícil dos atos humanos é conseguir entregar a sua própria vida a Quem não se vê. É crer *apesar de* e não por causa de favores recebidos. Parece loucura. A loucura da fé. Mas são bem-aventurados os que não viram e creram.

Mostre-se tranqüilo e confiante quando tudo e todos o chamam de irresponsável, exatamente por causa dessa atitude. Muitas vezes a dúvida lhe rouba o chão e a estabilidade. Mas quando tudo leva à descrença, é preciso dar o salto da fé. Isto é entrega. É o desafio maior. A chave para o meu coração que pode reverter situações negativas.

Muitas vezes quando você levianamente me repete *seja feita a tua vontade,* digo-lhe que recebo essa afirmação como verdadeiro escárnio em relação a mim. Como uma atitude de irresponsabilidade. Não quero bravatas, mas a sua verdade.

Sei, meu filho, que lhe peço quase o impossível, mas você conhece pela própria experiência que a fé não é inatingível. E tudo é possível ao que crê.

Com a entrega, tudo se modifica. É um exercício de vida e de morte. É despojar-se de tudo e de todos. E então nascer de novo ao se afinar comigo.

É descobrir existencialmente que a fé é a chave que abre o meu coração e que eu farei o que você busca e precisa: basta que queira de verdade e não sinta constrangimento de me suplicar. Suplicar não é uma forma de humilhação, mas afinar dois instrumentos pelo mesmo diapasão, como fazem os músicos para atingir a beleza da harmonia sinfônica.

Nas encruzilhadas cotidianas da vida, a perseverança na fé é o maior e verdadeiro desafio: crer e continuar crendo, apesar de tudo.

O ponto nevrálgico é ter e manter a fé. Esta é a essência de uma vida vitoriosa. É o grande encontro. É para todos, mas muitos resistem à entrega: muitos são chamados, mas poucos os escolhidos. Porque não se escolhem.

Quem se escolhe é você mesmo. Os que respondem ao meu chamado se auto-escolhem. Nessa chamada não há, em hipótese alguma, qualquer exclusão. Amo a todos igualmente, mas os que se aproximam de mim refletem essa aproximação. Eles não são diferentes intrinsecamente de ninguém. Mas se tornam diferentes porque é impossível estar próximo da Luz e não ser iluminado por ela.

É uma responsabilidade, mas acima de tudo, é um privilégio. É libertação.

Inúmeras vezes, você dá passos largos e seguros nessa área, mas basta uma pequena gota de tristeza ou dúvida para que tudo desabe. A realidade logo o lança na legião dos fantasmas ansiosos e amedrontados.

É necessário se desapegar de muitas coisas visíveis e palpáveis quando elas não são edificantes. Em muitas ocasiões, meu filho, você consegue, encontra a chave e então atinge e conhece maravilhas: descobre o universo do milagre!

Tente, meu filho, repetir a experiência bem-sucedida. Eu lhe quero muito bem e estou com você sempre. Tente que tudo se harmonizará. As estradas se tornarão abertas, limpas e luminosas. Cairão os muros e se romperão os véus de todos os templos. Mas é preciso olhos sensíveis para ver. Não coloque entraves impedindo a minha ação. Facilite as coisas para nós dois.

Viva livre, feliz e alegremente. Apesar de. Isto é possível. Tente. A chave para tanto não está escondida.

Em tudo há um propósito maior. Creia e coloque os pés na estrada como um peregrino da fé. Ela é a chave!

Você está protegido pelos meus braços e o meu manto carinhoso e protetor. Liberte-se. Meu olhar o acompanha.

Vibre. Bendiga-me sempre pela vida e pelo seu momento nela, que eu me agrado do seu amor.

A minha graça envolve você. Siga de peito aberto, sem medo.

Eu acalmo e apaziguo a sua ansiedade e, muitas vezes, o seu desespero para que você possa ser instrumento que leve ao outro a minha presença e a minha paz. Estou com você agora. Liberte-se e voe. Os que esperam em mim voam como águias até as alturas! Que no dia de hoje você me sinta ao seu lado em todas as lutas que são próprias ao homem de bem.

Eu abençôo você com o meu beijo.

COMIGO VOCÊ FARÁ PROEZAS

Isto aconteceu para que se manifeste a minha glória

Meu filho,

Quantas vezes você pergunta: por que isto aconteceu, afinal? E por que aconteceu comigo?

Você jamais conseguirá saber a última e real razão das coisas. É sempre algo muito complexo.

Só pela fé, pela confiança, isto é, pela entrega absoluta, é possível viver com equilíbrio e harmonia apesar do vácuo, desse vazio em que muitas vezes se transforma a vida. Porque nos mostra que a alegria pode ser resgatada em todos os aspectos com nossa atitude afirmativa, à semelhança da folha em branco na qual o ser humano registra o seu poema.

Viver é se surpreender sempre. É percorrer uma estrada de serviço e levantar os que tombam no caminho. É uma imensa interrogação que nos desafia. Mas é também a única oportunidade que você tem de fazer o supremo e necessário exercício da humildade e da fé.

Esta é a forma para superar a experiência de vazio que machuca como uma ferida a nossa alma. Entrega-me este seu sofrimento que eu posso libertá-lo, em reconhecimento ao bom combate a que você aderiu; e comigo você será mais do que vencedor. Comigo você fará proezas.

A vida é uma experiência sempre inédita. Até mesmo a sua relação comigo é feita de imprevistos e decorrências.

Inúmeras vezes tento conduzi-lo para uma vida de aventura e crescimento arrebatador, mas você me rejeita. E eu respeito de modo absoluto a sua vontade. Respeito a sua liberdade de expressão em todos os sentidos e graus. Não costumo obrigar nem impor porque, num relacionamento de amor, não pode haver atos de arbítrio.

O que é feito por obrigação me ofende mais do que aquilo que não é feito. Quero que você faça a minha vontade porque a compreende e a ama e não pela coação de normas, por medo ou por obrigação.

Eu sou Amor.

Quero ouvir você a me pedir: habita em mim e faça-se a Tua vontade em minha vida.

É a oração que espero de você como uma canção saltitante, livre, vigorosa e livre de temores. Porque sei que isto lhe abrirá os horizontes. O medo o domina, paralisa, mas eu o quero liberto. Para uma entrega de amor. Livre. Completamente livre.

Quero que descubra, sinta e viva a grandeza de meu amor, a misericórdia sem limites e a incondicional compaixão que nascem em meu coração de Pai, seu Pai. Só assim você fará proezas.

Meu filho, fique atento diante dos fatos que lhe parecem absolutamente inexplicáveis e muitas vezes injustos.

De uma coisa esteja certo: se não fossem eles, você não estaria onde hoje se encontra, nem mesmo seria o que é.

Não se esqueça de que você foi chamado para ser luz num mundo que ama as trevas e se movimenta na escuridão das coisas escusas. Faça a sua parte: deixe brilhar a sua luz que os mais sensíveis verão e me glorificarão por sua causa.

Jamais duvide de que tudo o que aconteceu ou acontece em seu tempo de vida debaixo do sol serve ao propósito de manifestar a minha glória. E minha glória é esta: sustentar o Universo e amar os seres, amar em especial o ser que estampa minha imagem e semelhança. Amar você imensa e concretamente.

Olhe com acuidade e humildade espiritual o que ficou para trás. Ficará surpreso de quanto pudemos realizar como parceiros e como cúmplices. Conte as bênçãos.

Não fiz e não faço acepção de pessoas. Todos são filhos igualmente, mas alguns permitiram que eu lhes concedesse o privilégio e a responsabilidade de serem pontes e alavancas para que minha glória se manifestasse.

Há sempre um propósito maior quando eu tomo alguém em minhas mãos. É um trabalho de cuidadosa preparação que eu realizo com esmero, uma lapidação muitas vezes dolorosa, mas na qual o amor sempre está presente para tornar possível atingir o alvo e, então, até o sofrimento pode cumprir um papel: todos sabem que a pérola é uma enfermidade da ostra.

Assim, bendiga todos os seus momentos, mesmo que tenham sido difíceis e incompreensíveis.

Tenha em mente, porém, que só pela fé isto é possível. E que, comigo, você fará proezas.

Celebre, meu filho, com vigor todos os seus dias, celebre a vitória que eu lhe concedo.

Celebre o dom da vida que é aquele que mais amo, porque é insubstituível.

Entregue-me a sua alma, seu corpo, seus sonhos: tudo o que você tem e é.

Em mim você fará proezas!

Eu abençôo você com o meu beijo.

POR QUE EU QUERO O SEU LOUVOR?

Em tudo dai Graças...
Louva ao teu Deus a tempo e fora de tempo

Meu filho,

O perfeito louvor brota de todos os poros de seu corpo. Emerge do âmago do seu ser. Seus órgãos, seus sentidos participam dele. É uma celebração de fé, aceitação, entrega e vida.

Nada pode detê-lo. É liberdade absoluta. É luz. Bálsamo. Flor. Beleza. Perfume. É libertação.

Quem louva está aberto para o outro. Resplandece. É impossível esconder essa luz porque ela tem a força e a beleza das estrelas.

É como água límpida, na temperatura certa, que escorre pelo seu corpo, acariciando-o e tornando-o mais vivo e vibrante. É como o óleo precioso. É como a ternura que acompanha a mãe que amamenta seu filho, o pão que mata a fome e renova o nosso alento, o sol que surge glorioso após uma longa e escura noite de angústia, o vagido da criança depois de um longo trabalho de parto, é como, enfim, a simplicidade de uma visita de conforto a quem está sofrendo. E por isso, meu filho, eu quero o seu louvor.

Nada esconde ou obscurece a luz que nasce no louvor. Cada músculo de seu corpo, suas veias e artérias resplandecem, no louvor, com o brilho da graça.

Você foi criado para isso. Para andar na luz.

O perfeito louvor é como o brilho de uma gota de orvalho que cintila como o brilhante em noite de lua azul. É celebração da vida e do amor: a vida de amor. É por isso que eu quero o seu louvor.

O louvor é uma postura. É uma postura de vida. É ato. Quando você me louva, é necessário que venham embutidas, em seu ato e em sua vida como um todo, a aceitação e a entrega. A ausência de ambas reduz à fantasia e burla o nosso relacionamento. E o louvor perde a autenticidade.

O louvor e os cânticos que você me oferece são manifestações de vida e vida abundante. É como se você estivesse usufruindo e respirando a minha presença.

Se você, no entanto, me louva agradecendo por um determinado motivo, mas ainda assim continua perplexo, ansioso e angustiado, deixa claro que não houve aceitação e entrega em seu louvor. O meu poeta tem voz eterna para proclamar: celebrem com júbilo ao Senhor!

Observo as suas atitudes e noto que o seu louvor, muitas vezes, não passa de uma pequenina gota. Como eu o conheço melhor do que você mesmo se conhece, compreendo as suas limitações e sempre aceito a pequenina gota menor do que um grão de mostarda. Compreendo, aceito e fico feliz porque sei que você está no caminho certo.

Mas aguardo que você cresça e me louve por inteiro.

Louvar por inteiro é ter certeza, é reconhecer que a sua vida foi entregue para sempre a mim.

Louvar com inteireza é revelar a sintonia que você atingiu com o meu Espírito.

O grande problema é que você quase sempre só me louva quando as coisas se apresentam como você quer. Essa sua tolice e imaturidade espiritual me decepcionam e ainda me entristecem.

Se você não conhece o que vai acontecer no próximo segundo de sua vida, como então entender os meus pensamentos e caminhos?

Louve-me, meu filho, que você tem inúmeros motivos para isso. Alguns nem foram ainda percebidos... Sabe que o salvei e libertei exatamente porque deixei de fazer como você queria?

O louvor abranda o coração, clareia e adoça a vida, e o capacita a ser meu companheiro e cúmplice na implantação do Meu Reino. É por isso que desejo o seu louvor.

Louve, meu filho, louve-me como a seu Pai, louve o meu Espírito que o consola e o conforta. Louve a qualquer tempo. Louve sempre.

Tudo brilha, tudo é luz quando existe o perfeito louvor.

Os montes e outeiros romperão em cânticos diante de mim e todas as árvores do campo baterão palmas. Integre-se na festa do Universo, que é por isso que eu quero o seu louvor.

Eu estou com você agora.

Você é para sempre e sempre um bem-aventurado. Porque está vivo e mais crescerá na minha presença.

Faça uma tatuagem em seu coração com este lembrete que bem mostra porque o amor é o caminho sobremodo excelente.

O amor tudo sofre, tudo crê, tudo espera, tudo suporta: o meu amor jamais acaba.

Quem me ama, me louva. E por isso desejo o seu louvor.

Eu abençôo você com o meu beijo.

CUIDADO COM OS TOMBOS

Aquele que está em pé veja que não caia

Meu filho,

Quando você se sente inteiro e íntegro, é muito natural e humano que viva a emoção um tanto exagerada de que é praticamente inatingível. Mas a verdade é que você, quando pensa e age dessa maneira, se expõe ao ridículo e se coloca a pique de tornar-se uma verdadeira caricatura. Tome cuidado para não cair de sua própria pose.

Há um sentimento de superioridade nas pessoas, em suas relações umas com as outras. A figura do fariseu tem sido um exemplo histórico, porque ele se via melhor do que todos os demais.

Não quero que você viva inseguro, mas que também esteja alerta às pequenas e grandes armadilhas.

Quando você se sente o dono do poder, da vida alheia e de sua própria vida, está, na realidade, me alijando de tudo e se aproximando da beira perigosa de um abismo. Não me permito interferir na sua vida, mas posso e quero lhe dizer: cuidado com os tombos.

A sensação humana de segurança é bastante perigosa porque facilmente se transforma em manifestação pretensiosa e prepotente de poder. Na realidade, meu filho, viver é perigoso: aquele que está em pé veja que não caia. Mas note bem: só cai quem está de pé.

Quero que você procure integridade de vida, mas saiba sempre que isso não o torna melhor ou pior do que ninguém, nem o credencia a se sentir superior ou intocável em relação aos outros.

Deixe que as coisas escorram como um rio em você: a minha graça é também abundante como as muitas águas, lembra uma cachoeira. Aproprie-se de meu manancial.

Liberte-se das pequenas aparências falsas e dos pequenos poderes que turvam o seu olhar e impedem que ele se encontre com o meu.

Lembre sempre que você não tem a menor idéia de causa e conseqüência daquilo que eu faço agora. Mas no tempo certo, se você se permitir, então compreenderá.

Meu filho, eu o amo muito e quero que você seja para sempre feliz. Quero e espero de você amor, compaixão e devotamento à minha Causa. Não faça menos do que isso, seria como enterrar os talentos recebidos e perder depois o que tem e o que não tem.

Seja um vitorioso, um mais do que vencedor, mas tenha cautela.

Quanto maior a altura para aquele que não confia em mim, maior a tragédia da queda.

Uma vez no chão, não é fácil reconstruir tudo aquilo que redundou em desacerto: é sempre mais fácil começar do que recomeçar.

Cuidado com os tombos!

Eu abençôo você com o meu beijo.

NÃO À PAZ DOS CEMITÉRIOS

Eis que faço coisa nova, que está saindo à luz: porventura não o percebeis?

Meu filho,

Que coisa nova será esta? E de que luz se trata? De que maneira você pode vê-la?

Você sempre se assusta com o novo. Amedronta-se, cria atalhos que vão desviar exatamente o encontro com essa luz mencionada por Isaías, meu profeta.

Muitas vezes é por comodismo ou pelo saboreio da alienação, essa sensação que se assemelha à paz dos cemitérios onde nada acontece, nada se cria. Apenas sepultamos no cemitério os que já tiveram o seu momento de escolha debaixo do sol.

Não, meu filho. A minha paz, que o mundo não pode dar, jamais é plácida e passiva. Mas é plenitude de vida. É movimento. É ação. É a paz possível em meio às tormentas e aos desafios que engrandecem os que deles participam. A minha paz aponta sempre para a superação de dificuldades, para o difícil acerto com o outro. Para a minha espinhosa Causa libertadora. É a paz do compromisso.

Ao assumir essa paz, no seu mais amplo sentido, o medo e a dúvida aparecem sempre também. Não estranhe nem se espante: seja corajoso e forte. E lembre que há sempre uma forte sombra em torno das luzes intensas.

Minha paz demanda sempre o que considero essencial: aceitação, entrega e verdade. Por que você não faz a grande comprovação?

O sentimento embutido na paz que eu ofereço em nome do meu amor independe das circunstâncias ou do estado físico de cada um. Não é, sobretudo, a paz dos cemitérios.

Quantas vezes você já furtou a paz de alguém, prejudicando a sua disponibilidade para agir?

Note que, com essa atitude, você poderá estar tirando de outrem exatamente a reflexão e a calma para viver a hora que é dele, o seu tempo ou até mesmo a sua história.

A paz, meu filho, eu lhe repito, a paz é entrega e aceitação pessoal. Assim, quem furta a paz, nega a paz.

Não há o que explicar; cabe agora somente viver essa verdade que nasce de mim.

A minha paz não é uma vacina que isole ninguém de riscos grandes e pequenos, não é a paz dos cemitérios: fique alerta, de prontidão, para preservar-se e a seu próximo. Todo filho meu é também atalaia e guardador de seus irmãos. Gosto de ouvi-lo cantar com o coração aberto: haja paz na terra, a começar em mim.

Se você observar com acuidade, verá que minhas mãos o protegem dos riscos que fazem parte mesmo dos mínimos detalhes que vão compondo e desenhando a vida.

Ninguém que vive a minha paz se exime desses riscos nem de suas funções, de seus sonhos, desejos e do trabalho, que é a outra face do pão nosso de cada dia.

Quando alguém lhe falar em paz, olhe sua fronte e as palmas da mão. Tem na fronte as marcas da coroa de espinhos? E as mãos estão marcadas pelos cravos que o prenderam na cruz? São essas marcas que sempre autenticaram a paz do meu Cristo.

Mas quem está em paz lança fora de si, no exercício de sua diária labuta, todas as formas de inquietação, suas angústias e o desespero que negam a própria paz.

Meu Espírito sopra onde e quando quer e para quem eu o destine. Nada o detém. Porque nada me detém nos meus propósitos de amor.

Meu Espírito é brisa, aragem, a expressão de meu cicio de ternura. Mas é tempestade também, é vendaval que derruba, destrói o que é daninho, preparando a terra para a semeadura da paz que exila todas as guerras.

Assim, meu Espírito é a mais simples e também a mais eloqüente manifestação da Vida.

Minha paz é construtiva, macia, terna, mas nunca vazia e inerte; não é a paz dos cemitérios, repito ainda uma vez.

Que o seu dia, meu filho, seja marcado pelos riscos que as minhas mãos provocam por amor na sua vida.

Não se turbe o seu coração nem se atemorize. Eu estou a seu lado onde quer que vá. Faço de minha paz parte de sua herança.

Eu abençôo você com o meu beijo.

AGRADEÇA PELAS PEDRAS DO CAMINHO

Entrega teu caminho ao Senhor, confia n'Ele,
e Ele tudo fará.
Se tu podes crer, tudo é possível, ao que crê.
Aquieta-te, e lembra que Eu sou Deus

Meu filho,

Vou lhe contar um segredo. Quando você sentir muita dificuldade para a entrega que eu desejo e espero, por causa de uma preocupação ou de um problema que você ainda não superou, agradeça por tantas coisas preciosas que recebeu e até pelas pedras que encontrou pelo caminho: as dificuldades são o tempero da existência humana.

Reveja a sua vida por um instante e verá o quanto de realmente importante já aconteceu nela e você nem sequer percebeu. Louve-me então com o seu amor e seja para sempre agradecido.

Não é nada fácil o ato da entrega. Insisto nela com tanta veemência pois, sem ela, você não me permite participar de sua vida, que pode ser uma emocionante aventura. Assim como a beleza das rosas não nos livra dos espinhos, no meio do seu caminho há uma, há muitas pedras: mas todas as coisas contribuem para o bem dos que me amam.

Saiba que procuro usar todas as suas possibilidades mentais, emocionais, físicas e espirituais para que tenha uma vida vitoriosa. Há pessoas que, por exercício e rigorosa disciplina ou por espontâneo dom, têm mais facilidade de se colocarem em sintonia comigo.

Na verdade, é apenas uma questão de disciplina. Porque quanto ao dom, todos são dotados dele. E ter disciplina é não tropeçar nas pedras do caminho, mas dar graças por elas.

Relaxe, meu filho. Você pode contar com meu amor. Sempre.

Não foi você que me escolheu, mas eu escolhi você e o chamei pelo seu nome.

Solte o barco de sua vida que continua amarrado ao cais, atravancando e também congestionando o livre desempenho das outras embarcações.

Solte as velas e se prepare para as surpresas e os amplos horizontes que lhe dou.

Não se desgaste com pequenas coisas. Elas são miúdas e sem o poder de anular seus grandes planos, embora seja necessário que você permaneça atento, já que muitas vezes eu me manifesto também através delas.

Dê a cada coisa a sua devida proporção e valor, que este é um pressuposto da sabedoria.

Você precisa entender e perceber que há em tudo um propósito maior que pode estar invisível a seus olhos.

Se as pessoas atentassem para a fugaz fração de tempo que é a vida de cada um, diante da eternidade do meu olhar, teriam mais cuidado com ela, tão frágil, que é comparada à flor que nasce pela madrugada e morre na tarde do mesmo dia. Moisés me declarou isso em oração. E disse mais: tudo passa rapidamente e nós voamos.

Fortaleça-se na minha graça. Relaxe, meu filho. Conto o tempo inteiro com você.

Preciso do seu querer, de sua entrega. Não quero robôs nem marionetes, não criei o ser humano para ser isso.

Quero você livre e feliz, transmitindo aos outros essa libertação.

Se a verdade libertar você, então verdadeiramente você se tornará livre.

Nada de sacrifícios. Quero alegria, misericórdia, solidariedade.

Deixe que as coisas corram naturalmente, sem ansiedades e angústias.

Se precisar interferir, você perceberá e eu estarei ao seu lado neste momento.

Você se lembra da velha história dos barcos diante do mar aberto?

O pessimista se queixou do vento que não permitia que seu barco partisse.

O otimista esperava que o vento mudasse para que seu barco seguisse.

O realista, com senso prático e de máxima urgência, simplesmente ajustou as velas na direção certa e partiu para a sua aventura.

Isto, meu filho, é avaliar com consciência e critério cada situação.

Ajustar as velas, no seu caso, é exatamente direcionar a sua vida para mim e, enfim, viver o ato da entrega absoluta.

Eu o conheci bem antes que você existisse. Muito antes, ainda no ventre de sua mãe.

Bendito o dia do seu nascimento.

Benditos sejam seus filhos e os filhos de seus filhos.

Benditos sejam seus pais.

Benditos sejam todos os que passaram ou passarão por você, sentindo o vivo frescor de minha presença no seu coração.

Eu abençôo você com o meu beijo.

O TUMULTO DO CORAÇÃO
É MAIOR QUE A BALBÚRDIA DA CIDADE

Tira as sandálias de teus pés, pois a terra é santa.
O Senhor está no seu Santo Templo,
cale-se diante dele toda a terra.
... se for possível, passa de mim este cálice;
todavia seja feita a tua vontade"

Meu filho,

A oração cotidiana, quando bem entendida, é com certeza um exercício de entrega.

Note que a última citação em epígrafe, *seja feita a tua vontade*, remete você à entrega total.

Mas quis ressaltar com a segunda citação a necessidade de absoluto silêncio diante de mim, esvaziando a sua mente de todos os ruídos que podem até desnorteá-lo de seus bons propósitos e varrendo os seus pensamentos vãos para que você possa ouvir-me em seu templo pessoal. Você está precisando de silêncio. E muitas vezes o barulho interior é muito maior que a balbúrdia de uma grande cidade.

É difícil, mas necessário, que você abrande o tumulto do coração e da alma para que possa ouvir e sentir a minha voz de Pai. E certamente a ouvirá.

Muito poucos conseguem usufruir os momentos preciosos que o silêncio da oração possibilita, mas é com o maior agrado para mim que esses me dizem: fala que Te ouço e tão somente a Ti.

Que a Luz do meu Espírito atinja todo o seu ser.

Não precisa fazer absolutamente nada. Apenas encontre a melhor posição para o seu corpo e usufrua desta unção. Então respire: respirar é o primeiro ato de vida.

E conhecerá as minhas maravilhas. Você crê nisto? Me dê este crédito, meu filho, pois sou seu Pai e seu Amigo maior.

Tranqüilize-se. O meu Espírito envolve você. Desfrute minha paz. Estou junto de você. Percebe? Pode me sentir?

O que eu faço você não sabe agora, mas saberá depois. Espere em mim com paciência porque eu não tardo nem falho.

Descanse. Relaxe. Confie. E agora voe, meu filho. Despoje-se de todas as armas e municie a sua alma de amor.

Tudo vai bem. Tudo termina bem para quem é do bem.

Eu vou na frente e aplano os seus caminhos, todo o lugar em que você colocar a planta de seu pé será seu.

Há uma coisa, meu filho, que merece sua atenção: mais importante que a vida é vivê-la com dignidade.

Deixe o passado dormir no passado: a sua experiência, positiva ou não, será sempre uma ferramenta de trabalho. Mas é só: o que está feito não está para fazer.

Enxergue de verdade o outro, veja-o com os olhos sensíveis, com o olhar do amor.

É essencial que a sua alma seja fortalecida na experiência de troca, de intercâmbio entre os companheiros. A troca é muito mais do que só dar ou apenas só receber. É muito mais. Comprove em sua vida.

É necessário que você seja mais afetuoso e delicado, seja mais gentil com quem o procura: há aqueles que batem e lanham o outro; seja aquele que o acolhe com ternura.

Muitas vezes a intimidade entre os meus filhos pode gerar um grande equívoco.

Ser íntimo não é abusar da palavra áspera e do gesto rude. Ser íntimo é conhecer melhor para melhor se conduzir: fuja tanto da lisonja como da brutalidade. Muitos, sem saber, destruíram velhas amizades e antigos amores.

Ninguém é lixo de qualquer outro para ser desprezado. Mas irmão, amigo e um filho a quem muito amo.

A palavra branda desvia o furor, mas a dura suscita a ira. Seja mais terno, mais sábio.

Não confunda, portanto, a opinião e a palavra firme com desrespeito e agressão. A distância entre ambas se mede por anos-luz.

O negativo é sempre visto por todos. Procure ser o que enxerga o lado positivo. Fique entre aqueles que considero especiais.

Eu sou amor, meu filho, sou bálsamo que alivia, mas lembre-se sempre de que também sou justo.

Quantas vezes você mesmo me provocou uma palavra mais dura e corretiva?

A força da palavra é imponderável e infinita. Ela ecoa, durante tempos insondáveis.

Ela pode até ressuscitar alguém, mas traz em si também a força das sentenças de morte.

Cuidado, meu filho, a verdade com freqüência está no meio do caminho e nasce da temperança.

Você só possui um tempo curto de vida debaixo do sol. Use-o com amor, ternura, firmeza, compaixão, misericórdia e alegria. Use-o com senso de urgência.

Tenho um plano para cada um de meus filhos. Uns respondem rápido e afirmativamente a ele, outros o ignoram.

Continuo amando a todos, mas com quem você acha que eu posso contar?

Neste exato momento, conto com você.

Não quero sacrifício algum, já tenho lhe dito: o que é feito por obrigação me ofende mais do que aquilo que não é realizado, tenha certeza.

Pense grande, meu filho. Preciso de você para que o meu amor seja vivenciado e glorificado.

Filho, aguarde. E verá fatos surpreendentes.

Tudo na vida é processo. Você cresce e vai-se aperfeiçoando, algumas vezes com sofrimento. Mas eu acompanho com amor todos os seus gestos.

Vivendo e convivendo em amor, você transmite a minha graça, o meu amor maior e o meu desejo.

Ouça-me a despeito dos ruídos de sua alma, que são maiores do que a balbúrdia da cidade. Ouça-me.

Eu o escolhi.

Você foi chamado e se aproximou de mim e não permitirei que se afaste novamente.

Eu abençôo você com o meu beijo.

DESATE OS SEUS NÓS E VOE

Faze prova de mim, diz o Senhor dos Exércitos,
se Eu não te abrir as janelas do céu,
e não derramar sobre ti uma bênção sem medida.

Lança sobre Ele toda a tua ansiedade,
Ele tem cuidado

Que tens tu, que não tenhas recebido?

Eu irei diante de ti,
e endireitarei os caminhos tortos.

Meu filho,

Você entendeu bem e assimilou as frases tiradas de sua Bíblia, que servem de epígrafe nesta página?

Veja bem que na primeira há um desafio recíproco.

Mas você consegue ter tanta intimidade assim comigo, a ponto de me cobrar uma prova?

O desafio, porém, parte de mim, como se eu lhe perguntasse: você crê que posso fazer o que me pedir?

E você crê?

Quando você está desanimado, decepcionado, triste, amargurado, ainda encontra disposição e força para me desafiar? Experimente, porque é muito importante para nós dois.

De qualquer forma, sou eu que continuo a provocá-lo: faça prova de mim.

Só pela fé é possível aceitar essa provocação, meu filho, mas a minha graça o sustenta e fortalece.

Às vezes você está tão dolorido, tão em carne viva e sem ação que parece ser uma folha seca ao vento, sem intenção alguma de se fixar em lugar nenhum. Tanto faz, é o que você diz. Quantas vezes você já passou por situação semelhante a esta?

Meu filho, se você soubesse como o meu Espírito sofre e geme com gemidos inexprimíveis nessas ocasiões, ficaria surpreso e assustado com a grandeza do meu amor.

Sua alma sangra. Seus olhos estão nublados. Por mais que você olhe para o alto não consegue levantar o seu olhar.

Há momentos terríveis em sua vida, eu sei. Momentos de apatia, incerteza quanto ao rumo que dará à própria existência e então você já não consegue entender mais nada.

Como primeiro passo você deverá libertar sua alma do ressentimento, da mágoa, da culpa, da injustiça, do medo e de tantos outros sentimentos negativos. Estes sentimentos, além de paralisarem os seus gestos mais belos, ainda apodrecem a sua alma.

Procure compreender depois a razão de tanto peso e infelicidade. Compreender traz consigo o perdão para você e, através de você, para todos.

Aquele que você não consegue perdoar tem fome do seu olhar acolhedor, do seu rosto que apazigua, do seu sorriso que é vida, mesmo que você não reconheça. Ao conseguir que isto aconteça, a partir de seu semblante, você liberta uma vida. Só quem já se sentiu enjaulado tem o privilégio de saborear plenamente o gosto da liberdade. Coopere com esta libertação.

Chegar ao perdão, à intercessão pelo outro, é derrubar muralhas para chegar à paz.

O desafio do perdão é com muita freqüência uma exigência sobre-humana. Mas você conta comigo, meu filho, vá em frente.

Cada pessoa tem que seguir o seu caminho, a sua estrada. Alguns, em estradas paralelas, seguem lado a lado, de mãos dadas, com os mesmos ideais. Existem, entretanto, os que vão por vias transversais e, eventualmente, atravessam o seu caminho. São estes que de vez em quando o irritam e lhe roubam o controle pessoal. Pode ser um processo desgastante, mas são exatamente eles que na maior parte das vezes o fazem crescer e o humanizam. Porque encarnam os grandes desafios cotidianos.

Os que nos acompanham em vias paralelas são nossos parceiros ideais, mas os que caminham nas estradas transversais e cruzam o nosso itinerário são extremamente necessários. Observe e reveja a sua vida e comprovará que esta é a palavra da verdade.

As experiências transversais são muitas vezes fatos, obstáculos, desencontros, tristezas, perdas... Como isto é difícil para vocês! Porque as perdas são como mordidas rápidas, mais difíceis de digerir.

Só o sopro do meu Espírito ameniza a sua dor e cicatriza as suas chagas. Creia nisso.

Viver é adquirir cicatrizes, meu filho. Mas cuidado para não se fixar tanto no desejo de ser cicatrizado. Você sabe que uma área muito cicatrizada perde a sensibilidade?

A apatia, a depressão, a tristeza são tão contagiosas como a alegria e o entusiasmo.

Quanto ao perdão, lembre-se de que em muitas ocasiões, consentir em ser perdoado é mais difícil do que perdoar.

O ressentimento cristaliza a alma e lhe rouba a sensibilidade.

Lembre-se ainda de que você não detém o monopólio da pureza de intenções. Os anjos do Natal cantaram para muita gente de boa vontade.

Tantas vezes falo com você com uma clareza inconfundível, mas você não me percebe porque está tão envolto em seus problemas. É uma pena.

A fé, meu filho, é um processo em que você leva mais tempo duvidando do que propriamente crendo. Mas não se inquiete nem se torne inseguro por esses altos e baixos.

Eu o conheço muito bem. Conheço as suas entranhas. Aguardo com paciência a sua aceitação e entrega absoluta.

O que importa é seu desejo e a sua postura.

Há nós arrochados em seu coração e em sua mente que se tornaram nós cegos, difíceis de desatar.

Abrande o seu coração. Permita que a minha graça o envolva. E os nós serão desatados.

Há tanto que fazer. Preciso muito de você. Há tantos em desespero, com fome física e fome de amor. Conte comigo, mas faça a sua parte. Desate seus nós e voe.

Eu abençôo você com o meu beijo.

EU CUIDO DE VOCÊ

Ouve-me depressa, ó Senhor.
O meu espírito desfalece.
Não escondas de mim a tua Face.

Ó Senhor, não me confundas.

Disse o Senhor: Levanta-te,
porque estás prostrado assim sobre o teu rosto?

A minha alma suspira por ti, meu Deus.

Não te mandei Eu? Esforça-te, tem bom ânimo;
não pasmes, nem te espantes; porque o Senhor teu
Deus é contigo, por onde quer que andares.

Ó Senhor, faz o que bem parecer a teus Olhos.

Meu filho,

Como você está abatido! Você não me sente ao seu lado nem quando vem à tona de sua memória o Sermão da Montanha? Afinal, se eu cuido dos lírios do campo e das aves do céu, como não haveria de cuidar de você de modo todo especial?

Bem sei que há fases em que tudo parece mais escuro, sem saída e sem vida. Mas viver é isto: ultrapassar obstáculos.

É por isto que insisto tanto para que você se prepare antes que eles surjam.

Não se trata de antecipar angústias, mas de um tipo de terapêutica preventiva com base na mais íntima comunhão comigo.

A vida, em suas estradas paralelas e transversais, como já lhe disse, vai tecendo um belo tapete trançado com todas as emoções humanas, sejam elas de tristeza ou de alegria. É através do grande tear da História que o meu Reino vai-se estabelecendo na face da terra.

E note, meu filho, que as trocas e os intercâmbios se fazem necessários para tecer esse imenso tapete.

Lembre-se sempre de que não se trata de apenas dar nem somente receber. O que dá graça, leveza e significado à vida é a transferência mútua, através da interação de meus filhos e a copiosa transfusão de meu amor sem limite em todos os que amo.

Os ramos ligados à videira produzem aqueles frutos que alcançam a vida eterna.

Há no entanto ocasiões em que você está tão cansado, desanimado, deprimido que já não consegue prazer em mais nada. Nem sabe mesmo a razão de seu estado. Cuidado com a depressão: ela age insidiosamente.

São tantos os problemas, as perdas, as enfermidades, as injustiças, que você desaprendeu a magia do sorriso.

Perdeu o cheiro e o gosto delicioso da alegria.

É necessário chegar às raízes dos problemas e às suas causas, que podem ser físicas, psicológicas, emocionais ou problemas do espírito. Equacionar um problema é meio caminho andado para a sua solução.

Eu cuido de você e lhe proporciono coragem para enfrentar a verdadeira floresta de porquês.

Não é certo fugir, o Salmista descobriu que há um tipo de onipresença tanto das coisas boas como das que nos molestam: no céu, na terra ou aonde você vá, há sempre um confronto com o resultado de suas ações. Portanto, não fuja. Eu acolho você como está e é. Cuido de você.

Vejo em seu semblante a perplexidade, o espanto e o desânimo, você está sem chão. Mas eu cuido de você.

Quero o seu tempo, sua competência, sua saúde, sua enfermidade, sua alegria.

Entregue-me a sua ansiedade, sua angústia,

seus sustos e medos; livre-se de todo esse enredamento e confie que eu cuido de você.

E o livrarei desses sentimentos negativos que são como teias de aranha pegajosas que pespegam e aprisionam o seu ser desprevenido.

Envolva-se com minha graça. E me diga com inteireza de coração: Pai, seja feita a Tua vontade.

E qual vai ser o resultado final? Não importa. O problema já não é mais seu. Você o entregou a mim que sou Senhor da vida e da morte e o seu Amigo maior. Agora, desligue. Deixe tudo comigo que vou tomar conta.

Se continuar inquieto e ansioso é porque ainda não conseguiu se livrar das teias peçonhentas.

Tente, tente outra vez.

Tente tantas vezes quantas forem necessárias.

Eu o ajudo. Relaxe. Tranqüilize-se. Lembre que sou o seu Deus. Fique em silêncio que eu cuido de você.

Que você sinta no dia de hoje as mãos cheias de luz e exiba no olhar o brilho de estrelas.

Corresponda ao meu grande e antigo amor, abra as janelas da alma que eu cuido de você.

Eu abençôo você com o meu beijo.

EU RETIRO O CÂNCER DE SUA ALMA

Aquieta-te, e lembra que eu sou Deus.

Meu filho,

As sensações de angústia, de desamparo e solidão trazem consigo uma certeza: a total ausência de apoio e de esperança.

É um absoluto estar só. No meio do turbilhão de incertezas, no vendaval de coisas mal acabadas e inacabadas, no olho do furacão de erros e acertos não satisfatórios, surge sempre o desagradável monstro da culpa, com seus longos e pegajosos braços e afiadas garras que sufocam e dilaceram os que são apanhados em sua sanha.

Como sair desse estado triste, depressivo e sem qualquer motivação? Parece um câncer na alma que tudo mina, sugando toda a sua capacidade de reagir e produzir. A sensação é de fim de linha, de perda, de morte enfim.

Na realidade, meu filho, você se sente emaranhado, emparedado. Só o salto no escuro, o salto da fé que já mencionei, lhe acena com um fiapo de esperança.

No mais agudo desespero, verdadeiro vale de sombra e de morte, você enfim se lembra de mim, que o guardo sempre na memória de minha afeição.

Estou aqui, meu filho, na outra margem do abismo que deseja tragá-lo. A escuridão é como um breu que ainda mais o amedronta. Espero que você tenha coragem de saltar, neste exercício de absoluta entrega, nesta demonstração de fé.

Você saltará quando se convencer de meu amor e também puder me amar. E eu saberei ampará-lo, mal algum o atingirá. Venha.

Ainda existem dúvidas, levante então o olhar e não apenas os olhos e veja que o seu socorro vem de mim que criei os mundos e me afeiçoei do seu coração.

Há um lindo e radiante arco-íris no céu e ele deve lembrar-lhe de minha amizade. Deverá convencer seu coração de que lhe quero bem e vou retirar o câncer que magoa a sua alma. Aguardo tão somente que me dê passagem.

Entregue o seu caminho em minhas mãos, confie em mim e tudo o mais eu farei; prove-me e veja o quanto sou bom: feliz é o homem que em mim se refugia.

Reconheço que peço o mais difícil. Mas lhe peço para tentar, meu filho.

Estou à porta do seu coração querendo que você me abra a porta. Não vou arrombá-la nunca, nunca. Conto com a sua necessária entrega para poder agir e me fazer presente.

Nem sempre o que você quer é o melhor. Até porque não sabe o fim de cada cena.

Permita que eu o abrace, que envolva você com o meu manto amigo e liberte sua vida do câncer espiritual.

Que o seu dia seja envolvido pela minha misericórdia que dispensa qualquer sacrifício.

Eu abençôo você com o meu beijo.

TIRE A COURAÇA DE SUA ONIPOTÊNCIA

Eis que faço novas todas as coisas.

Meu filho,

Eu o acompanho desde os dias em que era entretecido no ventre de sua mãe. Conheço sua forma de ser e pensar e sei que você passa por uma crise delicada porque se vê completamente só e em comovente desamparo.

Por que? Eu sou sempre o mesmo e estou ao seu lado, mas em sua aflição você está com a visão bloqueada e dirigida apenas para as dificuldades.

Cercou sua vida de pequenas e grandes muralhas que, longe de oferecerem a proteção desejada, o asfixiam e o emparedam aumentando a sua angústia diante dos desafios que são próprios de todos os que estão vivos.

Eu bem sei que nem tudo se passa no plano subjetivo: você tem problemas verdadeiros e muralhas que foram erguidas pela sociedade má e por toda sorte de armadilhas que foram montadas por aqueles que só respiram crueldade e atentam contra a sua integridade.

Sei, porém, que poderia também ajudá-lo se você me permitisse e deixasse de ignorar a minha presença: estou à porta de sua alma e bato.

Queria lembrar a você que a minha graça pode ser sua, assim como sua pode também ser a experiência de Paulo de Tarso: quando sou fraco então é que sou forte.

Você tem condições de crer?

Se você quer contar comigo, é só abrir a porta: aí entrarei e cearemos juntos em perfeita comunhão.

Posso ajudá-lo nas pequenas e grandes dificuldades. Não se esqueça de que eu me preocupo da mesma forma com o pão nosso de cada dia e com a ressurreição e a vitória final sobre a morte.

Assim como estive com meu Filho tanto no milagre da multiplicação dos pães e peixes como em seu desamparo maior na cruz, assim também quero agir em sua vida. Não graduo o meu amor: ele é sempre o mesmo, como o mesmo também sou.

Preciso lhe dizer que a solidão que você vive é também manifestação de seu orgulho e egoísmo: deixe de olhar apenas para o próprio umbigo; há muita gente que ficaria feliz se você lhe estendesse a mão.

Quero que saiba também que você não me enxerga a seu lado querendo ajudá-lo, porque desenvolveu uma espécie de couraça onipotente ao redor de sua vida. E então fica sozinho em sua luta; pretende resolver sozinho tudo que o aflige. É muita auto-suficiência!

Aceite as mãos amigas que tantos lhe estendem.

Aceite as minhas mãos salvadoras.

Seja mais humilde: a independência total é tão daninha como a dependência absoluta. Busque a saudável interdependência que apenas o amor pode gerar entre os homens de boa vontade e não recuse mais o meu auxílio de Pai e seu Amigo maior.

Tire a couraça da sua onipotência.

Muitas vezes já o acudi e salvei, e desejo agir em seu favor também na crise atual. Mas não posso me aproximar enquanto a couraça da sua onipotência estiver entre nós.

Será que não mereço nem mesmo um pequeno crédito de você, meu filho?

Releia o Sermão da Montanha. Não lhe darei pedra se você me pedir pão. Muito menos vou lhe oferecer uma serpente no lugar do peixe solicitado. Sou seu Pai e você não tem o direito de esquecer o que lhe digo. Não seria justo para comigo, além de revelar-se injusto com você também.

Lamentações, depressões, tristezas sobrevêm à vida de todos os seres humanos, sem exceção. São as contingências e limitações naturais da vida humana. É com minha sabedoria que Salomão adverte: o coração alegre aformoseia o rosto, mas pela dor no coração o espírito se abate.

A vida pode lhe trazer experiências positivas e alegria. Basta permitir que elas aconteçam.

Que o seu dia seja pleno de luz.

Eu abençôo você com o meu beijo.

SABOREIE A MINHA PRESENÇA

Pela graça sois salvos, por meio da fé;
e isto não vem de vós, é dom de Deus.

De graça recebestes, de graça dai.

Pedi, e dar-se-vos-á; buscai e achareis;
batei e abrir-se-vos-á.

O que vem a mim, de modo algum o lançarei fora.

Em verdade vos digo que se tiverdes fé como um grão de mostarda, direis a este monte: Passa daqui para acolá, e ele passará. Nada vos será impossível.

Meu filho,

A fé não é um pacote. Nem é algo que se compra embrulhado num balcão de loja.

É um estar envolto e possuído por aquilo que nos toca sem estabelecer condições. Atinge a pessoa toda. Sua ação não é parcelada ou gradual, mas nos assoma por inteiro como num assalto.

A fé envolve toda a sua vida. Transcende os seus limites porque é instigada pelo meu coração, mas é também imanente porque pespegada em todos os seus atos: tudo em você tem o doce olor da fé.

Para conhecê-la, é preciso antes ser subjugado por ela e pela sua posse, que é como uma voragem, um sonho.

A fé humana é pequena, até menor do que um grão de mostarda e pode sofrer trincas e crises, mas ela é, ao mesmo tempo, forte e robusta, capaz de transportar ou transferir montanhas de dificuldades.

É um dom de minha graça, do meu amor.

Quando você é tomado por essa força imensurável, o milagre acontece como tantas vezes o Evangelho registra e a História documenta: "a tua fé te salvou". Nada ou ninguém pode deter a manifestação do meu poder acionado pela fé. A fé é o bem mais precioso. É o que dá sentido à vida, a antena que o une a mim e possibilita todos os gestos que são eternamente valiosos, a restauração de suas forças e o vigor do seu espírito.

Como reconhecê-la? Pelos seus frutos: a fé sempre faz germinar as benditas sementes de seus sonhos mais acalentados.

Não se assuste se alguém, com uma veemência inusitada, disser que não tem fé. A verdade é que a fé tem um tempo diferente e percorre um trajeto diverso em cada vida. Um dia todos fazem essa descoberta.

Nos tempos de hoje há uma busca bastante visível de minha presença. Cada um quer ouvir-me no seu íntimo. Essa é a inquietação da fé, fruto de minha ação.

Eu sou mais íntimo do ser humano do que o próprio homem pode ser. Isto está acontecendo justamente agora entre nós dois. Só posso então pedir-lhe: saboreie a minha presença.

Descanse, meu filho, descanse seu corpo e, principalmente, sua alma. Eu estou ao seu lado como a mãe que sente dores no peito, tão grande o amor por seu filho!

Saboreie a minha presença. Não precisa fazer mais nada. Não lhe cobro nada. Sinta apenas que minha graça o envolve, faz reviver o seu ânimo e lhe dá novo vigor. E você perceberá que em seus vasos já não circula o mesmo sangue, mas o ardor sagrado que acompanha o novo nascimento. De seus olhos cairá a venda que impedia o seu descortino. E você verá que há todo um mundo para ser recriado. É até capaz de repetir a experiência de Paulo, caindo de joelhos e perguntando com o grito mais honesto da alma: Senhor, que queres que eu faça?

Conversaremos sobre isto depois. Com calma.

Quero agora que o seu dia seja rico de paz.

Eu abençôo você com o meu beijo.

Para saber mais sobre nossos títulos e autores,
visite nosso site:
www.mauad.com.br

Este livro, da MAUAD Editora,
foi impresso em papel ofsete 70g,
na gráfica Lidador